CONSTITUTION

RÉFORMÉE

ET PROPOSÉE A L'ACCEPTATION

DU PEUPLE FRANÇAIS

ET DU SOUVERAIN.

CONSTITUTION

RÉFORMÉE

ET PROPOSÉE A L'ACCEPTATION

DU PEUPLE FRANÇAIS

ET DU SOUVERAIN,

Ou Nécessité et Principes élémentaires d'une Organisation nationale, démontrés et mis à la portée de tous les Citoyens ;

PAR UN HOMME

Dégagé de tout intérêt personnel, Ami de son Pays, de l'Ordre, de la Justice et de la Paix.

(Oui , que César soit grand, mais que Rome soit libre.
Dieux ! maîtresse de l'Inde , esclave au bord du Tibre !
Qu'importe que son nom commande à l'Univers,
Et qu'on l'appelle Reine , alors qu'elle est aux fers.)

VOLTAIRE.

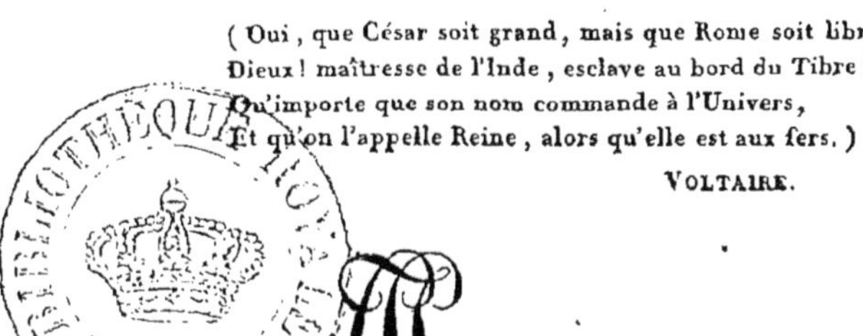

A PARIS,

CHEZ CHANSON, IMPRIMEUR-LIBRAIRE;
RUE ET MAISON DES MATHURINS, N° 10;

ET LES MARCHANDS DE NOUVEAUTÉS.

1815.

AVERTISSEMENT.

Après m'être attaché à démontrer, dans cet Ecrit, la nécessité d'admettre une organisation nationale qui puisse inspirer la confiance et donner une garantie réelle que tous les actes du Gouvernement auront constamment pour objet la justice et l'intérêt général; après avoir signalé les dangers et l'impossibilité de l'existence d'un Gouvernement despotique, dans un Etat civilisé, tel que la France, j'ai cherché à faire sentir que tout le secret de cette organisation est nécessairement dans la réalité de la division du Pouvoir législatif; qu'ainsi l'objet de la Constitution étant de créer cette organisation, bien plus encore que de définir quelques-uns des principes qui doivent à jamais être maintenus et respectés, toutes ses dispositions doivent essentiellement tendre à établir et à assurer cette réalité de la division du Pouvoir; que le seul moyen d'y parvenir est évidemment d'éloigner et de prévenir, par toutes les précautions possibles, tous moyens d'influence sur les Corps représentatifs, appelés à partager la Souveraineté, et que ces précautions consistent principalement à garantir l'indépendance de sentiment et d'opinion dans chacun de leurs Membres, soit par le mode de leur élection, soit en les plaçant dans une situation telle que leur intérêt personnel ne puisse pas se trouver en opposition avec l'intérêt et l'utilité publiques.

C'est d'après ces principes, dans cet esprit et par un enchaînement d'idées dont j'ai quelquefois développé ou indiqué les rapports et les conséquences, lorsque l'objet m'a paru l'exiger, et que j'ai quelquefois aussi abandonné à la sagacité de mes Lecteurs, lorsque j'ai pensé qu'ils pouvaient être saisis naturellement et sans réflexion, que j'ai émis et déduit les dispositions principales, que je considère comme bases fondamentales de la Constitution.

Si ma manière de voir sur une matière si délicate et si fort controversée n'est point universellement partagée, j'espère du moins que la liberté et la franchise avec lesquelles j'ai émis les motifs de mon opinion, seront, aux yeux de tous, la preuve que je n'ai été influencé ni dirigé par aucun esprit de parti; mais entièrement animé du sentiment de patriotisme et de justice qui doit toujours distinguer un homme de bien et surtout un Français.

CONSTITUTION

RÉFORMÉE

ET PROPOSÉE A L'ACCEPTATION

DU PEUPLE FRANÇAIS

ET DU SOUVERAIN.

———

Un Gouvernement stable et paisible est le plus grand bien auquel un Peuple puisse aspirer, et la base la plus solide d'un Gouvernement est l'amour et l'attachement des Peuples.

Pour ranimer aujourd'hui cet amour national, faut-il le dire ? presqu'entièrement éteint, il n'existe qu'un seul moyen, c'est de donner évidemment la garantie la plus grande que tout ce qui sera entrepris, soit dans l'intérieur, soit à l'extérieur du Royaume, le sera dans l'intérêt général, et non pas, par de vaines et funestes vues de gloire et d'ambition, dans l'intérêt du Souverain et de sa famille, ou même dans celui de quelques classes privilégiées.

Tant que cette garantie n'existera pas, les flatteurs, les égoïstes, les ambitieux, seuls, donneront des démonstrations extérieures de dévouement; mais le Souverain ne peut compter sur leur foi. Au moindre revers, au premier changement de fortune, ils changeront bientôt eux-mêmes. Si quelques autres, par reconnaissance ou par attachement véritable à la personne du Monarque, ont pour lui un dévouement sincère, ils seront peu nombreux; et quant aux hommes justes, désintéressés, généreux, quant aux amis de leur pays, à ceux qui veulent, avant tout, la paix et le bonheur de leur patrie, quant à ceux dont les actions, comme les pensées, doivent être constantes, fermes et inébranlables, que peut-on attendre d'eux? Ne resteront-ils pas indifférens, ou pour le moins inactifs? N'hésiteront-ils pas à prendre aucune résolution, à embrasser aucun parti, s'ils ne peuvent apercevoir quel est celui qui doit assurer le repos, la tranquillité et le bonheur de la France?

Et comment donner cette garantie?

La plus grande que l'on puisse avoir n'estelle pas, dit-on, dans l'intérêt même du Souverain, dans son amour pour ses sujets?

A cet argument, que quelques personnes semblent faire de bonne foi, il est facile de répondre. Oui, sans doute, il peut exister un Souverain animé de l'amour du bien public, et qui ait l'intention de diriger toutes ses actions vers ce grand but ; mais il est incontestable et l'expérience n'a que trop souvent prouvé qu'il est aussi des Souverains sans affection, sans amour pour les Peuples qu'ils gouvernent ou plutôt qu'ils oppriment, et qu'ils semblent ne considérer que comme le vil instrument de leurs caprices et de leurs folies, sans raison, sans principes, sans honneur, sans foi, sans justice, et dont l'existence est le plus grand fléau qui puisse peser sur un Peuple que voudraient atteindre la Vengeance et la Justice célestes.

Ainsi donc, au meilleur des Rois peut succéder le tyran le plus injuste et le plus cruel. Mais, sans parler de ces monstres qui n'ont que trop souvent désolé la terre, et dont il faudrait pouvoir perdre jusqu'au souvenir ; supposant au contraire un Prince doué des plus sublimes vertus, des qualités les plus nobles et les plus brillantes, humain, bon, généreux, ayant pour le Peuple qu'il gouverne les sentimens d'un père, ne désirant, ne voulant autre chose que son bonheur, pourrait-on concevoir qu'il fût tellement infaillible qu'il ne pût jamais s'égarer dans le choix des moyens propres à le lui procurer? Cela est impossible ; il ne faut point ici se faire illusion et se flatter d'une espérance chimérique. La nature n'a point atteint ce haut degré de perfectibilité, même dans les Souverains, pour lesquels elle semblerait avoir épuisé toutes ses ressources, ses libéralités et ses largesses.

S'il est jeune, actif, plein de force et de courage, ne se laissera-t-il point éblouir et entraîner par de trop vastes projets, par l'élan impétueux d'une imagination vive et ardente, par l'espoir d'une amélioration idéale, par des conceptions véritablement grandes, mais trop hardies et impraticables, dont l'entreprise devra entraîner plus de pertes et de malheurs que le succès ne pourrait procurer de véritables avantages. Enfin, peut-il être certain que ses brillantes qualités, ses vertus et son courage ne tourneront pas contre son Peuple et contre lui-même? Les résolutions, les projets les plus funestes, et qui entraînent après eux les plus épouvantables malheurs, n'ont-ils pas pris souvent leur source dans les intentions les plus pures et dans les plus nobles sentimens?

Si, dans un âge plus avancé, il conserve des vues non moins bienfaisantes, mais plus calmes et plus modérées, sera-t-il à l'abri des mauvais conseils, des suggestions perfides, des erreurs et des piéges dont on cherchera à l'environner, et dans lesquels les courtisans et ses ministres s'efforceront sans cesse de l'entraîner? De bonne foi, on ne peut encore l'espérer.......

Ainsi, la garantie que donne le Monarque, sa douceur, sa bienfaisance même, est insuffisante. Dans son propre intérêt, comme dans l'intérêt du Peuple entier, il en faut une d'une autre nature, contre laquelle le Peuple ne puisse jamais s'élever, et dont il ne puisse pas douter. Il faut que le pouvoir souverain, au lieu d'être despotique et absolu, soit au contraire sagement modifié; que le Monarque lui-même consente loyalement et de bonne foi à le partager avec le Corps représentatif de la Nation.

Cela est d'autant plus nécessaire, que le territoire est plus étendu, que le Peuple est plus nombreux, ses intérêts, les productions de son sol, son industrie, sa religion, ses mœurs et ses usages plus variés : car alors, l'utilité générale ne peut être connue et déterminée que par le concours de toutes les parties du Royaume et de toutes les classes de la Société.

Cela est d'autant plus nécessaire et d'autant plus naturel que les lumières sont plus répandues, et que la civilisation est arrivée à un plus haut degré de perfection. En effet, s'il semble que le Gouvernement despotique et absolu soit le seul qui puisse convenir à la nature et au caractère d'un Peuple brut et sauvage, parce que rien n'est mieux approprié à des hommes grossiers et sans jugement qu'une soumission et une obéissance aveugles et passives ; lorsqu'au contraire la majorité des citoyens est composée de gens instruits et éclairés, lorsque les sciences et les arts ont pénétré jusque dans les dernières classes de la Société, cette obéissance passive, cette aveugle soumission, ne peuvent plus exister. Il n'est peut-être pas alors de citoyens qui ne connaissent quels sont leurs droits et leurs devoirs, et il n'en est pas un seul qui veuille sacrifier son intérêt personnel,

s'il n'a l'espérance d'en retrouver la compen-
sation, ou le dédommagement dans l'intérêt
et le bien général.

En cet état de choses, le pouvoir absolu
ne peut se maintenir ; il succombera, il sera
nécessairement détruit, si lui-même ne par-
vient à détruire la civilisation, à anéantir les
lumières acquises, à faire rétrograder les pro-
grès de la raison humaine, et à replonger
l'État dans les ténèbres les plus profondes de
la barbarie ; et quel serait le Souverain assez
insensé, assez ennemi de l'humanité et de
lui-même, pour préférer un empire despotique et sans bornes, sur un Peuple de bar-
bares, à un Gouvernement doux et paternel
sur une Nation polie, douce et civilisée, où
florissent le commerce, l'agriculture, les
sciences, les arts, et tous les avantages pré-
cieux qu'ils procurent ? Quel est le Souverain
qui pourrait prétendre résister à cette modification indispensable et forcée de son autorité (sa dynastie fût-elle la plus ancienne
de la terre), lorsqu'elle est le moyen le plus
infaillible de la rendre ferme et inébranlable,
le seul moyen d'en éloigner les épines et les
dangers, et de l'environner au contraire de
toute la sécurité, de tous les charmes, de

toutes les douceurs qui peuvent être attachées à la Souveraineté; enfin, lorsque cette modification est évidemment l'ouvrage du temps, une loi irrévocable du destin qui entraîne tout, et que rien ne peut arrêter dans sa marche victorieuse et invariable.

Cette même loi ne s'étend-elle pas jusque sur la puissance paternelle la plus ancienne, la plus sacrée de toutes, de laquelle est dérivée celle des Souverains? Chez les Nations naissantes, il n'en fut point de plus absolue et de plus despotique, puisqu'elle attribuait au père le droit de vie et de mort sur ses enfans et sur toute sa famille. La civilisation l'a progressivement restreinte et limitée dans de plus justes bornes. Elle est aujourd'hui soumise aux Tribunaux et réglée par les lois.

Certes, quels que soient les sentimens d'un Souverain pour le Peuple qu'il gouverne, on ne pourra jamais les assimiler à ceux que la nature a placés dans le cœur d'un père pour ses enfans. Il ne serait pas exact de lui supposer le même amour et la même tendresse; il serait injuste de l'exiger, et il n'est pas même besoin d'être père pour être convaincu d'une vérité si sensible. Il n'est personne qui ne sache et ne sente qu'il n'est point d'affection qui puisse égaler celle d'un père pour ses enfans, et les Monarques eux-mêmes ne le méconnaîtraient pas. S'ils veulent exprimer leur amour pour leurs sujets, ne disent-ils pas, par comparaison et métaphore, qu'ils les aiment et les chérissent comme s'ils étaient tous leurs enfans? Si donc une longue expérience a prouvé que la puissance paternelle elle-même, dans un État civilisé, doit être modifiée, restreinte et assujettie à des lois, on ne peut s'étonner que la puissance des Souverains doive l'être, et que les Peuples le réclament ainsi.

Le besoin, qui s'en est fait sentir, et la révolution à laquelle il a contribué, ont, il est vrai, entraîné et plongé la France dans de funestes excès; mais gardons-nous de retomber dans des excès contraires et non moins funestes : la sagesse et la justice doivent toujours être accompagnées de la modération, et placées dans un juste milieu.

Il est au surplus aujourd'hui peu de personnes assez exagérées pour contester sur ce point, et celles qui le contestent encore ne sont pas sans doute de bonne foi, lors même qu'elles en ont l'apparence; on est du moins fondé à penser qu'elles n'affectent et ne pro-

clament des principes contraires que par intérêt personnel; car les hommes sans justice
et sans honneur, auxquels rien ne coûte
pour obtenir des grâces et des faveurs, doivent en effet parler dans le sens d'une autorité absolue, sans règle et sans bornes,
puisqu'ils se flattent de la faire tourner à
leur profit. De quelque parti qu'ils soient,
ils sont également dangereux, et il est facile
de s'apercevoir que ce sont eux qui excitent
constamment aux violences, aux réactions,
aux meurtres et aux abus de tout genre. Si
quelques autres, en petit nombre, pouvaient
encore être sincères, en partageant une opinion aussi erronnée, ce ne pourrait être que
par irréflexion, ou aveuglement, ou enté-
tement, ou ignorance et abrutissement. Dans
tous les cas, au moins pourrait-on leur adres-
ser le reproche d'être plus royalistes que les
Rois : car les Souverains eux-mêmes reconnaissent et proclament aujourd'hui que les
hommes et les Peuples ne sont point une
propriété dont ils puissent disposer et user
selon leurs caprices et leur intérêt personnel;
que les Nations ne sont point faites uniquement pour eux et leurs plaisirs, principes
jadis en vigueur; mais qu'au contraire la

Providence ne les a placés à leur tête et chargés de les gouverner que pour travailler constamment à faire leur bonheur ; qu'ils doivent et que la Providence leur prescrit de se sacrifier pour eux. Les Souverains reconnaissent et proclament aujourd'hui que, pour mériter l'amour de leurs Peuples, pour avoir droit à leur fidélité et à leur dévouement, ils doivent remplir religieusement ce devoir et tous ceux que leur rang leur impose ; que, pour les leur faire connaître, il est nécessaire de fixer des règles et des bases positives, et de créer une organisation telle que ces règles soient constamment et scrupuleusement observées.

Mais quelle doit être cette organisation ?

Telle peut être la véritable et la seule difficulté. Cependant, si l'on veut considérer attentivement quel est le but de l'institution, si l'on veut sincèrement et de bonne foi qu'elle puisse l'atteindre, il ne peut pas y avoir d'incertitude et de doute, même à cet égard.

Déjà l'existence de deux Chambres est généralement reconnue nécessaire. Elles sont appelées à partager le pouvoir législatif avec le Monarque, et cette division de la Souve-

raineté en trois parties paraît en effet devoir
être la plus heureuse; elle est préférable à
celle qui placerait le pouvoir souverain entre
les mains du Monarque et d'un seul Corps
représentatif, comme en 1789, parce qu'elle
prévient cette espèce de rivalité et de con-
tradiction qui pourrait exister, dans ce der-
nier cas, entre le seul Corps représentatif et
le Souverain, et parce qu'elle donne une
plus grande garantie, sans outre-passer les
justes bornes; elle se rattache et s'allie d'ailleurs avec nos idées religieuses, avec celles
de tous les Peuples. Chez les anciens, comme
dans l'esprit des Peuples modernes, cette
division a toujours renfermé une pensée mys-
térieuse, un heureux et favorable augure.
Elle est le premier mystère des Religions les
plus répandues en France; il est bien qu'elle
soit aussi le symbole et la base de son Gouvernement. Que les principes et la Constitution de ce Gouvernement s'allient et se con-
fondent avec les principes et les mystères
de la Religion, et le Peuple s'habituera à
voir, dans la Puissance souveraine, émanée
de la Divinité, la représentation de la Divinité même, et l'autorité suprême, ainsi divisée,
ne sera néanmoins à ses yeux qu'une seule et

même autorité, qu'une seule et même puissance. Il faut même qu'en effet et en réalité, le Gouvernement, ainsi constitué, soit un et indivisible, que les deux Chambres et le Monarque ne forment qu'un seul et même corps, animé d'un seul et même esprit, l'amour de la patrie et du bonheur national; mais, pour cela, il importe que cette division et cette institution ne soient point illusoires et feintes; qu'elles ne servent pas à masquer une autorité despotique et absolue dans la personne seule du Souverain; qu'elles ne soient pas pour lui un moyen d'abuser le peuple, en s'enveloppant de prétendues formes constitutionnelles. Il faut que tout, au contraire, s'exécute et s'effectue loyalement et avec franchise. Puisque la nécessité des deux Corps représentatifs est reconnue, qu'ils existent réellement et librement; que surtout aucune influence secrète ne puisse être exercée sur chacun de leurs Membres en particulier : car alors, et quoi que l'on puisse dire de la Constitution anglaise, un Gouvernement ouvertement despotique, quelque dur et tyrannique qu'il fût, serait mille fois préférable, et cela est facile à concevoir. Car tous les hommes sont faibles et plus ou moins susceptibles de se laisser entraîner par leur intérêt personnel, peut-être même sans s'en apercevoir. Les Pairs ou les autres Représentans, quel que soit le degré de confiance et d'estime publiques auquel ils puissent avoir droit, ne peuvent être supposés exempts de toute faiblesse, et les moyens de corruption, ou tout au moins de séduction, qui peuvent être mis en usage contre eux, en avilissant le Souverain lui-même, les avilissent aussi à leurs propres yeux et aux yeux de la Nation entière. Cette corruption, cet avilissement des premiers membres de l'État se communiquent bientôt, comme un mal contagieux, et avec une effrayante rapidité, à toutes les classes de la Société. Bientôt il n'est plus rien de sacré. Partout ce n'est plus que ruse, astuce et perfidie. Il n'est peut-être pas un seul citoyen qui ne se joue ouvertement de ses sermens, et le Peuple, entièrement démoralisé, n'ayant plus ni religion, ni mœurs, ni honneur, ni principes, ni véritable courage, ni dévouement, touche à sa ruine et à sa dissolution entière. Jamais il ne se trouva plus près de toutes les horreurs de l'esclavage, de la féodalité et de la barbarie; car il n'est plus pour le Souverain d'autre moyen de soutenir son empire chancelant, qu'en augmentant encore le mal, en multipliant et fortifiant ses ressorts, en profitant de l'indifférence, du découragement et de l'accablement des uns, pour récompenser, encourager et combler le déshonneur et l'avarice des autres.

Le point important et le plus essentiel, la base la plus ferme de l'édifice national, doivent donc être d'abord dans le choix des Représentans : il faut que ce choix puisse donner de leur moralité, de leur justice et de leur amour public, la plus forte garantie possible.

Ils sont ensuite dans les précautions à prendre pour écarter de leurs personnes tous moyens de suggestion et de séduction.

Les règles qui peuvent servir à fixer un bon choix sont faciles à indiquer et à reconnaître. Les membres de la Chambre des Pairs, ou Sénateurs, représentent les premières classes de l'État, celles des citoyens les plus riches en propriétés territoriales, et non pas le Souverain, comme l'ont pensé quelques esprits faux ou irréfléchis. Le Souverain ne peut avoir de Représentans; il a des Conseillers d'État, des Ministres, des Préfets, des Procureurs généraux et autres Agens, auxquels il délègue une partie de ses pouvoirs.

Il est donc indispensable que les Sénateurs soient nommés par les classes de citoyens qu'ils doivent représenter. Il ne peut jamais y avoir d'inconvénient à ce que ce choix leur appartienne, et l'on conçoit parfaitement qu'il en existe un très-grand à ce qu'ils soient à la nomination du Souverain.

Au surplus, pour guider et assurer d'autant plus ce choix important, il faut qu'ils ne puissent être élus que parmi les citoyens jouissant eux - mêmes d'une grande fortune territoriale; qu'ils soient en outre pères de famille, *âgés au moins de quarante ans;* qu'ils aient déjà rempli les premières fonctions, soit de Maires, soit d'Officiers, Conseillers municipaux et autres, et qu'ils soient déjà investis par-là de la confiance de leurs concitoyens; mais qu'ils ne puissent jamais être choisis parmi les Ministres et les autres Agens du Pouvoir exécutif.

Les précautions à prendre contre les moyens de séduction ne sont pas moins évidentes : qu'il y ait incompatibilité absolue entre leurs fonctions et toutes les places qui peuvent être à la nomination du Souverain. Il n'en est aucunes qui puissent s'allier dignement avec la noblesse et la grandeur de leur titre et de leur rang. Il est assez glorieux pour eux d'être les premiers citoyens, les chefs et les pairs de la Patrie, et la Patrie doit recevoir d'eux, dans ces nobles et glorieuses fonctions, d'assez grands, d'assez importans services pour qu'elle ne doive leur en demander aucun autre; qu'ils ne puissent même ni solliciter ni recevoir pour eux, pour leurs familles et pour qui que ce soit, aucunes grâces, aucunes faveurs du Souverain; qu'il leur soit remis des appointemens ou une indemnité assez considérables pour les mettre plus en état encore de soutenir dignement le haut rang auquel ils sont appelés; enfin, qu'ils soient nommés à vie et inamovibles, afin que leurs personnes soient plus respectables et et plus indépendantes encore. Ceux-là seront sans doute intéressés et dévoués, plus que tous autres, au maintien de l'ordre public, et auront en vue la prospérité et le bonheur de leur pays.

La nomination des Membres de la Chambre des Députés doit être basée sur les mêmes principes; les mêmes précautions doivent être prises à leur égard, sauf quelque légères modifications.

Ainsi, qu'ils soient élus par les classes du

2.

Peuple qui ne sont point appelées à la nomination des Pairs ou Senateurs; qu'ils soient
également choisis parmi les pères de famille,
mais seulement âgés de trente ans; ayant pa-
reillement rempli des fonctions publiques,
qui soient aussi une preuve de la confiance
de leurs concitoyens et de leur capacité, et
autres surtout que celles d'Agens du Pouvoir
exécutif; ayant de même des propriétés fon-
cières, ou du moins jouissant, soit dans le commerce, soit par leurs talens et leur industrie,
d'une haute considération; qu'ils soient nommés pour cinq ans; qu'ils puissent même être
réélus; qu'ils reçoivent une juste et suffisante
indemnité; mais que jamais, dans aucun cas
et sous aucun prétexte, ils ne puissent être
chargés par le Souverain d'aucune mission,
d'aucune autre place, non-seulement pendant
tout le cours de leurs fonctions, mais encore
deux années après leur cessation.

Que toute influence étrangère, et surtout
celle du Souverain, soit soigneusement écar-
tée des assemblées du Peuple, électorales ou
autres; que les assemblées électorales de Dé-
partemens soient composées de tous les plus
riches propriétaires; que celles d'Arrondis-
semens soient composées de tous les autres

citoyens imposés et jouissant de leurs droits civils; que le choix de leur Président leur appartienne, et que nul ne puisse y être admis, en raison de ses titres, de ses distinctions et d'aucunes prérogatives.

Que les deux Chambres s'assemblent de plein droit chaque année, à une époque et pendant un temps fixes et déterminés; que le Souverain cependant ait le droit de les convoquer extraordinairement, ou de proroger le terme de leurs cessions, mais qu'il ne puisse jamais les dissoudre avant que le délai ordinaire ne soit expiré; qu'à elles seules aussi appartienne le droit de nommer leurs Présidens, et qu'ils soient nécessairement pris dans leur sein; qu'aucun des Princes, aucun Ministre, aucun Agent du Pouvoir exécutif n'aient le droit de séance dans l'une ou l'autre Chambre, et que les communications leur soient données par écrit ou par des Orateurs et Messagers d'État; que leurs délibérations soient publiques, afin que la conduite de chacun de leurs Membres puisse être dénoncée et soumise à la censure de l'opinion générale, ou soutenue et récompensée par l'approbation et l'estime de la Nation.

Sans ces précautions, sans ces bases essentielles et fondamentales, le Souverain, déjà si puissant, parce qu'il n'a qu'une seule volonté, et que toutes les forces du Pouvoir exécutif doivent être réunies dans sa main, exercera nécessairement une influence prédominante et funeste. L'institution des deux Corps représentatifs ne sera plus qu'un vain simulacre, servant à masquer le despotisme, un fantôme sans force et sans pouvoir, obéissant servilement à toutes ses impulsions; et ce despotisme sera d'autant plus fort, d'autant plus injuste et tyrannique, qu'il pourra se dissimuler et se tenir caché sous le masque qu'il aura su se créer.

Que la personne du Souverain soit inviolable et sacrée; que le droit au trône soit héréditaire de mâle en mâle, par ordre de primogéniture, à l'exclusion absolue des femmes et de leurs descendans. Ce principe est une loi de nos pères, une loi fondamentale, dont la nécessité est reconnue pour mettre obstacle aux divisions et aux guerres intestines et étrangères.

Que, par une conséquence du même principe, la Régence ne puisse jamais être déférée aux femmes.

Que la proposition de toutes les lois appartienne indistinctement à l'une des deux Chambres et au Souverain ; qu'elles soient adoptées par l'autre Chambre, approuvées et promulguées par le Souverain.

Surtout qu'aucune déclaration de guerre offensive ne puisse avoir lieu que dans les mêmes formes.

La guerre est le plus grand de tous les maux, le plus terrible des fléaux. Elle ne doit être entreprise que lorsqu'elle est entièrement indispensable. C'est sur le Peuple qu'elle exerce et étend ses ravages ; il faut donc, avant tout, que son propre intérêt la réclame, et cependant elle est de toutes les entreprises d'un Souverain la plus à redouter, principalement pour la France. Le caractère de la jeunesse française est naturellement guerrier et belliqueux. La majeure partie de la Nation n'est malheureusement que trop portée vers la gloire militaire, si du moins, ce fier enthousiasme, cette effervescence et cette bouillante ardeur ne sont pas reglées et maintenues par les sages, les Pairs et les Représentans de la Nation : car alors, le Souverain, s'il est luimême d'un caractère ambitieux et guerrier, peut facilement én abuser, et ce n'est point assez que les levées d'hommes et les impôts ne puissent avoir lieu sans l'assentiment de la Chambre des députés. Les ressources ordinaires et les forces militaires, même en temps de paix, seront toujours assez grandes pour entreprendre une aggression contre l'une des Puissances voisines, et même pour la subjuguer; mais si cette même Nation appelle à son secours les autres Puissances intéressées à sa conservation, s'il se forme, pour la secourir, une coalition générale de l'Europe entière, la France se trouvera engagée, contre son gré, dans une lutte terrible et inégale, et cependant pour la soutenir, pour s'opposer à l'invasion de son territoire, au ravage, à la ruine, à la dévastation de ses campagnes et de ses villes, il n'est point d'efforts, il n'est point de sacrifices auxquels elle ne se voit nécessairement engagée. Tenons-nous en garde principalement encore, même dans le cas d'agression et de guerre défensive, contre l'esprit d'invasion et de conquête. Les limites d'un État ne sont souvent que trop étendues; celles de la France le sont assez. Soyons fiers du nom français, et ne forçons jamais un Peuple vaincu à le porter et à adopter nos mœurs et nos lois. Ne le souffrons même pas, lorsqu'il voudrait y prétendre. Que nos

frontières, au contraire, soient fieres et inébranlables; qu'elles ne puissent jamais chan-
ger. C'est alors que le Peuple français sera véritablement un Peuple d'amis et de frères, une
seule et même famille, et qu'il trouvera, sans
aucun sacrifice, dans l'accroissement de sa
population, dans la culture d'un sol heureux et fertile, dans le développement de son
industrie, de ses manufactures et de son commerce, des richesses plus sûres et plus grandes
que celles que ne pourrait lui procurer la
conquête de l'Europe entière. Telle doit être
la véritable splendeur d'un Peuple ; tels sont
l'accroissement et l'élévation auxquels il peut
aspirer et qu'il peut acquérir, sans s'affaiblir.
C'est ainsi qu'un peuple de l'Orient est le plus
ancien, le plus riche et le plus nombreux
de l'univers. C'est ainsi qu'il existe en Angle-
terre un esprit national qui n'est point en
France, et que cette Nation, à tant d'égards si
fort inférieure à la nôtre, et n'ayant pas les
mêmes avantages physiques du sol, est cependant plus riche, plus tranquille à l'intérieur,
et en ce moment plus puissante que la France.
Si d'ailleurs les Puissances voisines n'ont
plus rien à redouter de la France, elles
n'auront plus le même intérêt de lui faire la

guerre et elles devront au contraire chercher à entretenir avec elle des relations de commerce, d'amitié et de bonne harmonie. Il n'en est pas une qui osât alors concevoir la pensée sacrilége de mettre le pied sur son territoire à main armée, et l'Europe, l'univers entier, conjurés, l'entreprendraient infructueusement; que, si, au contraire, ses limites peuvent être indéfiniment étendues et reculées, au prix de tout son sang, de toutes ses richesses, de tous ses trésors, pour satisfaire une ambition insatiable et démesurée, cet accroissement, cette augmentation de territoire, au lieu de nous rendre plus puissans, ne pourra que nous affaiblir et nous diviser. Dès-lors plus d'union, plus d'ensemble, de fraternité, d'unité, de patrie. La France, ou plutôt l'Empire, composée de peuples, différant entre eux de mœurs, d'usages, d'intérêts, de langages, sera bientôt en quelque sorte étrangère à elle-même et sans cesse exposée à l'envahissement, à la division intérieure, à tous les genres de dissolution et de démembrement que peuvent amener les vicissitudes de la guerre et des révolutions, et l'inconstance de la fortune.

Qu'aucun décret, ayant force de loi, ne

puisse non plus émaner du Souverain, sans le concours des deux Chambres , puisque ce serait enfreindre la plus sacrée des bases de la Constitution, par la substitution d'un mot à un autre.

Qu'aucun ordre ne soit exécuté sans la signature d'un Ministre.

Qu'il soit créé une liste civile , suffisante pour maintenir l'éclat et la majesté du Trône ; mais qu'aucune caisse, aucun dépôt public ou privé, ne puissent être mis à la disposition du Souverain, sous peine de forfaiture.

Que les Ministres , les Préfets, Officiers et autres Agens du Pouvoir exécutif, soient à la seule nomination du Souverain ; mais que tous soient essentiellement responsables ; qu'ils puissent être accusés par l'une des deux Chambres indistinctement, et jugés par l'autre, sans préjudice de l'action personnelle de la partie lésée devant les Tribunaux ordinaires, en réparation du préjudice, et à fin de dommages et intérêts.

Que les Maires, les Officiers municipaux, Conseils, Représentans des villes et des citoyens, soient au contraire uniquement et exclusivement élus par eux.

Que les Officiers généraux de terre et de mer ne puissent être nommés que sur la présentation du Souverain, mais qu'ils le soient pas l'une des deux Chambres : car il ne faut pas et il est à craindre cependant que le Souverain puisse s'attacher l'Armée exclusivement, qu'il puisse la détacher de la cause publique, en disposer, s'appuyer d'elle, et la faire agir contre la Nation elle-même. C'est à la France, et non pas au Souverain, qu'elle doit appartenir ; il suffit que la présentation du Souverain garantisse les talens et la capacité des Officiers. Il est donc essentiel aussi que ses Chefs soient responsables, et qu'ils puissent être jugés par l'une des deux Chambres, sur l'accusation de l'autre.

Il est juste, il est utile que le Souverain puisse accorder des distinctions, des titres, des honneurs et des récompenses nationales, soit civiles, soit militaires ; mais qu'elles soient essentiellement individuelles, et non pas héréditaires, puisqu'elles ne sont dues et ne doivent être accordées qu'au mérite personnel ; qu'elles doivent exciter l'émulation et soutenir le courage de tous les Français, sans aucune distinction, et qu'il ne peut exister une classe privilégiée, sans saper les fondemens de la Constitution dans leur principe, et sans nous ramener insensiblement sous le joug du despotisme, des abus et de la féodalité.

Que, chaque année, la situation des finances, l'état de la fortune publique et celui des dépenses utiles, soient soumis à l'examen des deux Chambres, avant la fixation des contributions.

Que les contributions soient déterminées aussi chaque année, et qu'elles soient également réparties sur tous les citoyens, d'après leurs propriétés, et dans la juste proportion de leurs fortunes, sans distinctions ni prérogatives.

Que la liberté individuelle soit assurée et garantie, qu'en conséquence nul ne puisse être arrêté ni détenu sans les formes, et hors des cas prévus par la loi, et sans être aussitôt mis en jugement, et traduit devant les Tribunaux ; qu'à l'effet de maintenir l'exécution de cette disposition importante, les deux Chambres, à deux époques de l'année, soient tenues de faire visiter les prisons, et de se faire rendre un compte exact des motifs de la détention de tous les prisonniers.

Que les Juges civils et criminels soient inamovibles, mais élus par les citoyens; car, puisqu'ils doivent prononcer sur leur vie, leur fortune, leur existence et celle de leurs familles, il serait injuste et tyrannique de ne pas leur laisser le droit de les choisir. Qu'ils ne puissent l'être cependant que parmi les citoyens jouissant déjà d'une fortune qui soit un premier garant de leur intégrité, et qu'il existe un système de gradation tel, qu'il faille avoir été membre d'un Tribunal de première instance, pour être nommé à une Cour d'appel, et membre d'une Cour d'appel, pour être porté à la Cour de cassation.

Que, pour plus de garantie encore, l'Institution du jury soit maintenue en matière criminelle.

Que la justice soit rendue publiquement.

Que tout homme ait la liberté indéfinie de faire imprimer et de publier sa pensée, sauf la répression et les peines de droit.

Liberté semblable d'opinion et de religion.

Exercice libre et public de tous les cultes.

Maintien et garantie de toutes les propriétés.

Tels doivent être les premiers élémens, les bases fondamentales d'une véritable Constitution. Sans eux, il ne peut en exister, et toutes celles où ils ne seront pas religieusement observés, ne seront jamais qu'illusoires et chimériques. Hâtons-nous de les repousser comme un poison destructeur et mortel. Que la pusillanimité et la faiblesse ne nous les fassent point accepter.

Plusieurs de ces principes sacrés avaient été reconnus et adoptés par nos précédentes et premières Constitutions ; leur violation et leur oubli ont attiré sur notre malheureuse Patrie le déluge d'infortunes et de maux dont elle a été la proie, et qui la menacent encore. Ainsi l'intérêt du Peuple, celui du Souverain lui-même, les rappellent impérieusement. Leur restauration seule peut encore ranimer les courages, réchauffer, réunir les cœurs, et sauver la France des dangers imminens auxquels elle se voit exposée de toutes parts.

Electeurs, Représentans, qui de vous pourrait encore hésiter à les adopter, à les réclamer ? Qui de vous pourrait consentir à en accepter d'autres ? Montrez-vous dignes du choix, de la confiance et de l'estime de vos Concitoyens. Que l'amour de

la patrie soit la boussole et le seul guide de
vos sentimens et de votre conduite; qu'il
anime et soutienne votre courage. Le salut de
la France est entre vos mains. Rendez-lui la
paix, la tranquillité et le bonheur. Soyez ses
premiers libérateurs, et qu'autour de vous
tous les cœurs magnanimes et français se réu-
nissent et se rallient. Choisissez enfin entre
l'opprobre, l'ignominie, et une gloire immor-
telle; entre la ruine, l'esclavage de vos familles, et leur repos et leur prospérité.

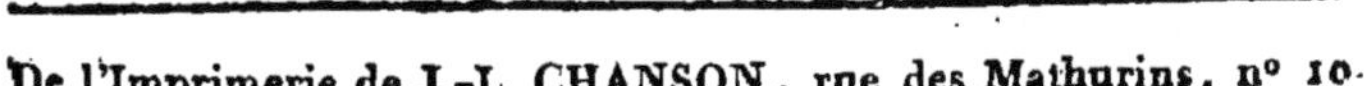

De l'Imprimerie de J.-L. CHANSON, rue des Mathurins, n° 10.